심현정 詩人 제2시집

가슴이 하는 말

심현정 지음

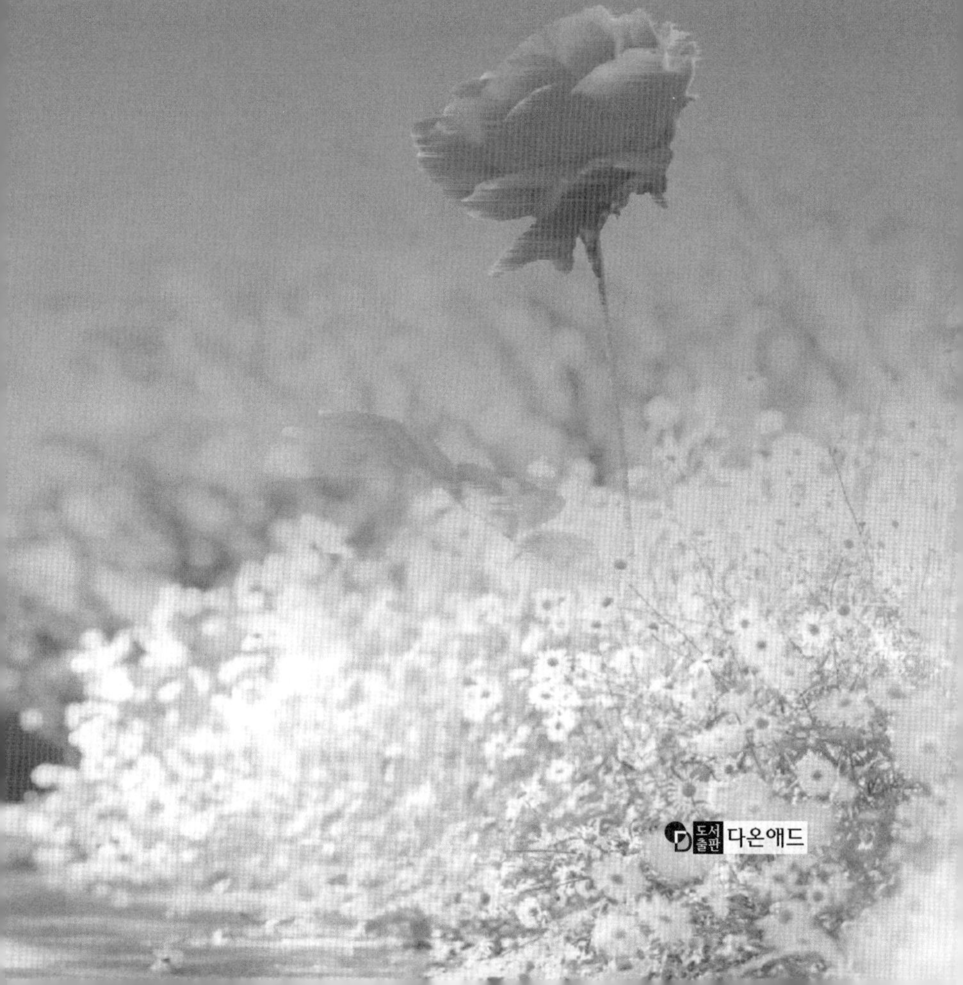

도서출판 다온애드

우리의 인연은
미로 속의
통로를 뚫고
찾아오는
아름다운 축복입니다

-인연-

시인의 말

삶의 여정은 마치 숲 속 길과 같아, 수많은 갈림길에서 저는 제 꿈을 찾아 걸어왔습니다. 피부 관리숍을 운영했고, 노래 강사로서 무대에 섰습니다. 그러는 동안 제 마음속 깊은 곳에 자리 잡았던 노래와 더불어 시(詩)라는 또 다른 아름다운 언어를 발견 했습니다.

마치 운명처럼 만난 귀한 인연들 덕분에, 저는 시인이자 가수로서 "가슴이 하는 말" 제1시집을 세상에 내놓았고, 이제 "제2시집"으로 다시 여러분을 찾아뵙게 되었습니다.

한국다온문예 전진옥 회장님의 따뜻한 격려와 믿음 덕분에 "가슴이 하는 말" 제2시집이 세상의 빛을 보게 되었습니다.

깊은 감사를 전합니다. 나이와 상관없이 마음껏 표현할 수 있는 시(詩)는 제게 삶의 친구입니다; 그것은 영원한 동반자이기도 합니다. 건강이 허락하는 한, 저는 시를 통해 제 마음의 소리를 전하고자 합니다. 늘 겸손한 마음으로, 저를 믿고 응원해주시는 어머니와 모든 분들께 진심으로 감사드립니다. "가슴이 하는 말" 제2시집을 통해 여러분의 마음에 한 송이 꽃을 피울 수 있다면, 그것이야말로 제게 가장 큰 기쁨이 될 것입니다. 소박하지만, 이 작은 꿈을 펼칠 수 있도록 도와주신 모든 분들께 다시 한번 감사의 말씀을 전합니다.

2025년 여름　　심현정 시인

1부 가슴이 하는 말

2부 친정엄마

3부 가을 사랑

4부 기다림

꿈은 이루어진다

기지개를 켜고
허공을 향해 야호

고품격의 메아리가
부메랑이 되어 찾아옵니다

힘차게 출발
가슴 뛰는 주말

궁금한 한 해 꿈을 향해
기대 속에 아름다운 꿈을
그려봅니다

1부 가슴이 하는 말(2)

가슴이 하는 말
그 속엔 사랑도 있고
낭만도 있고
행복도 숨어 있는 것 같은데
때로는
슬픔도 있고 눈물도 있어요.

가슴이 하는 말(2)

가슴이 들려주는 이야기가 있어요.
아주 조용하고 미묘해서
아무도 들을 수 없지요
단단히 닫혀 있으니까요

어떤 날은 스스로도 모르게
소리 없이 울기도 해요.
바람이 스치듯 지나가는 슬픔에
조용히 떨리는 순간들이 있지요.

그 속엔 사랑도 있고
낭만도 있고
행복도 숨어 있는 것 같은데

아무도 그 깊은 곳까지 알지 못해요.
외로움이라는 녀석이
늘 그 안에 함께하고 있으니까요.

그래서 가끔은
가슴이 혼자만의 언어로
조용히 말하고 있는지도 몰라요.

등대가 되고 싶다(2)

너를 품고 살던 날들이
손끝에서 흩어진 지 오래지만
내 마음속 불빛은 꺼지지 않았다.

밤이 깊을수록 바람이 거셀수록
나는 더욱 선명한 빛을 밝혀
언제든 널 비추고 싶었다.

멀리 서라도 너의 길을 비춰주고
힘들 때 너를 감싸 안고 싶었다.
하지만 등대는 그 자리에서
기다리는 일밖에 할 수 없더구나.

두 잔의 차를 준비하며
혼잣말로 너를 불러본다.
언젠가 아주 언젠가
너와 마주 앉아 따뜻한 차를 나누겠지

그날이 오면 말할 거야
"미안했다. 그리고 사랑한다고"
너는 언제나 내 아들이라고

덕분입니다

아름다운 세상을 바라볼 수 있게 해주신 것도
똑바로 걸을 힘을 주신 것도
모두 당신 덕분입니다.

희망과 용기를 심어 주신 것도
기쁨 속에 미소 지을 수 있게 해주신 것도
당신 덕분입니다.

삶을 사랑하는 법을 알게 해주신 것도
힘들 때 내 손을 잡아준 것도
오직 당신 덕분입니다.

감사합니다
사랑합니다

첫사랑

난 알았네 난 알았네
예수님을 만났네

그날 밤 내 마음에 찾아오신
나의 주님 나의 사랑

본당 문틈 사이로
예수님을 보려 했지만
아니 아니 아니
주님은 이미 내 맘에 계셨네

은혜의 눈물 감사의 눈물
사랑의 눈물이 흐르네

온 마음 다해 주 이름 찬양해
온 정성 다해 주 이름 전하리

새벽을 달리는 사람들

어둠이 깔린 새벽 나는 매일 배낭을 메고 달린다.
주변의 사람들도 모두 부지런히 걸음을 재촉한다.
빌딩 유리에 비친 내 모습도 그들과 다르지 않다.
새벽 공기 속에는 부지런함에서 나오는 열정이 가득하고
함께하는 사람들과는 어느새 벗이 되어 간다.
상쾌한 새벽길에서 나누는 대화는 우리를 웃음 짓게 한다.
버스 정류장에는 첫차를 기다리는 사람들로 북적이고
콩나물시루 같았던 버스 안에는 옛 추억이 담겨 있다.
서민들의 발이 되어 준 버스에 감사하며,
이 모든 순간이 고맙고 소중하다.

정상에서 (1)

등산은 힘들지만
한 걸음씩 오를수록 마음도 가벼워진다.

바람 냄새 바위 냄새
흐르는 땀 속에 스며든 자연의 향기

마침내 정상!
"야호!" 메아리치며
세상을 품은 듯한 벅찬 순간

수박

우리 동네 수박 장수 아저씨가
"수박이 왔어요!" 외치며 트럭을 세운다.
궁금해서 나가보니 트럭 위엔 수박이 한가득
아저씨는 환하게 웃으며 맛을 보라고 한다.

공짜로 맛보는 기쁨은 언제나 달콤하다.
통통통? 고개를 갸웃 "이놈은 아직 덜 익었어."
통통통? 다시 두드려 본다. "요놈은 잘 익었네!"
내가 뭘 안다고 계속 두드리고 또 두드린다.

하지만 수박은 때가 되어야 익는다.
밭에서 나온 놈들이니 이미 다 익을 만큼 익은 것
그 모습을 보며 문득 깨닫는다.
우리도 저 수박처럼 저마다 익어갈 시간이 있다는 걸 알았다.

공원 벤치야

어서 와
여긴 언제나 네 자리가 되어 줄게

마음이 허전할 때
조금 힘이 들 때
언제든 잠시 들러 쉬어 가렴.

난 네 이야기를 조용히 들어줄 친구
네가 머물 수 있는 작은 쉼터가 되어
언제나 이곳에 있을게

그러니 망설이지 말고
내 품에 기대어 편히 쉬어 가렴.

이야기 봇짐

자연의 향기가 가슴 깊이 스며들고
무심코 흘려보낸 추억들이 스쳐간다.

한때는 알량한 아집에 내던졌던
수많은 이야기 봇짐들
그것들은 어디로 흘러갔을까?

강물처럼 흘러 흘러
바다로 닿았을까
아니면 내 마음속 어딘가
살며시 자리 잡았을까?

너와 나는 긴 이야기 속에서
꽃을 피우고
함박웃음 한 번씩 지우며
아름답게 흐르는 강물처럼
소풍도 가고 여행도 하며
우리만의 인생 드라마 한 편을
남기고 가는 것 같다.

사랑과 행복

사랑이 뭔지 몰랐어
행복이 뭔지도 몰랐지
내 삶은 마치 전쟁터 같았어
너와 나의 이야기였지

비가 오나 눈이 오나
넌 나의 가장 빛나는 보석
내 마음에 새겨진 영원한 별

님이여

살랑살랑 봄바람과 봄 향기가 손 꼭 잡고
소풍 가방 메고 봄 소풍 떠났더래요

바람결에 흩날리는 꽃내음 따라
사람들의 마음에서 피어나는 향기에
몽글몽글 취해

방긋방긋 웃으며
빙글빙글 춤을 추다 보니
그날 님의 탱고는
봄꽃보다 더 화사하고
바람보다 더 경쾌했지요

동지 팥죽 준비

아침 일찍부터 팥죽을 준비하느라 바쁘다.

붉은 팥물이 끓는 가운데
긴 칼국수와 동글동글한
새알이 들어가고

누룽지처럼 고소하게 끓여지는 팥죽을 주걱으로
휘휘 저으며 맛을 본다.

뽀글뽀글 끓는 소리가 들려오고 숟가락과 젓가락을
손에 쥐고 동지미를 한 그릇 맛있게 먹는다.

식탁에 둘러 앉아 한 그릇을
뚝딱 비우며
옛 추억이 떠오른다.

인생은 바람개비

이별의 순간까지 사랑하겠지만
힘들 땐 싫다고도 했다.

그때는 영원할 줄 알았지만
이제는 돌아가고 싶은 마음만 남아 있다.

인생은 마치 끊임없이 돌고 도는
바람개비와 같다.

하늘 소방차

하늘을 떠도는 저 구름 속엔
비를 가득 머금었네
그 이름은 하늘 소방차

햇살 가득한 거리 위에
언제 어디서 내릴지 모르는
시원한 소낙비

세상은 온통 폭염에 앓고
불볕더위에 지친 숨결
"휴우우…"
시원한 바람이라도 불었으면 좋겠다.

이 봄날의 산행

울긋불긋 산비탈 너머
가까이 가보니
개나리 진달래
옹기종기 모여
살랑살랑 바람과 놀고 있다.

아직은 바람이 차가워도
눈은 즐겁다.
봄의 색이
마음 구석까지 스며든다.

산길을 오르는 발걸음
가볍다.
봄 향기에 취해
여기저기 멈춰서
찰칵 찰칵

"하나, 둘, 셋!"
아낙네들의 웃음소리
산허리를 따라 퍼지고
지나가던 남정네들도
발길 멈추고
슬쩍 웃음 지으며
찰칵찰칵

마침내 정상
숨을 고르고
두 팔 벌려
“야호~!”
메아리가
부메랑처럼
가슴으로 돌아온다.

정겹고
상쾌하고
참 좋다, "이 봄날의 산행"

눈싸움

평펑 눈이 내리자 대문 밖으로 나가
손에 한 움큼 쥐어 꾹꾹 눌러 공을 만들었다.
어린아이처럼 하늘을 올려다보니
눈이 나를 포근히 감싸 안는다.

눈싸움하던 영옥이가 생각났다.
하지만 이제 영옥이는 하늘나라에 있다.

그냥 영옥아~
손에 든 눈을 영옥이에게 마구 던져 본다.
나는 배시시 웃었지만
영옥이는 눈싸움을 받아 주지 않았다.

그럼에도
잠시나마 영옥이와 함께한 듯했다.

영옥아 참 많이 보고 싶다.

인생 드라마

인생을 돌아보니
세월은 바람처럼 흘러가고
사랑의 기억도 희미해집니다.

나이가 들며 진실과 사랑의 의미를
더 깊이 깨닫게 되지만
지나온 시간이 아쉽고 허전한 마음도 듭니다.

그러나 이 모든 순간들이 모여
나만의 인생 드라마를
만들어 가고 있음을 느낍니다.

모래성

오늘 밤 내 마음은 모래성과 같아
잠과 씨름하며
모래 위에 글씨를 쓰듯
썼다 지우고, 또 썼다 지운다.

몇 번을 지워도
허한 그리움은 사라지지 않고
새벽을 울리는 시계 종소리에
모래성은 흔적 없이 무너진다.

사랑은 맵다

바람은 이미 내가 알기 전부터
이혼의 아픔을 품고 불었다.
더 태연해지려 했지만 흔들렸다.

새싹은 아프게 움트면서도
결국 피어나듯
사랑도 그랬다.

사랑의 눈물도
아린 아픔도
사랑이었으니

보고 싶어도
보고 있어도
보고 싶은 것이 사랑이라면

사랑은 한여름밤 불꽃놀이처럼
눈부시게 피어 허무하게
사라지고 마는 것이다

그림자

내가 깡충 뛰면 너도 깡충
내가 빙그르 돌면 너도 빙그르
장난꾸러기 흉내쟁이
늘 내 곁을 맴도네

화가 나 발을 구르면
같이 쿵쿵 따라 하고
외출할 때 떼어 놓고 싶어도
마치 아이처럼 꼭 따라오네

밤이 되면 경호하겠다고
살짝 다가와 있어 놀라기도 하고
가끔은 앞서가 놀래켜도
결국 언제나 나와 함께

미울 때도 좋을 때도
넌 영원한 나의 동반자

희생과 사랑

비누는 희생하려고 세상에 왔구나
고운 빛깔 은은한 향기로
내 곁에 머물지만

내가 손을 씻을 때마다
조금씩 몸을 내어주며
더러움을 씻어주고
향기로 나를 감싸 안아준다.

네가 남긴 향기 속에서
오늘도 힘내어 살아간다.
네 작은 희생이 우리에게
나눔과 사랑을 가르쳐 준다

신호등

신호등을 기다릴 줄 아는 이유
언젠가 바뀔 것을 알기 때문입니다.

힘들어도 우리는 압니다.
내일이라는 꿈이 있기에
오늘을 견딜 수 있다는 것을

시간은 내게 어떤 선물을 건넬까?
궁금하지만 기대해 봅니다.

2부 친정엄마

이제는 내가 엄마의 손을 잡고
따뜻한 미소로 안아드릴게요
언제나 내 편이 되어 준 당신을
영원히 사랑합니다

친정엄마

슬플 때나 기쁠 때나
한 걸음에 달려와
내 이야기에 귀 기울여 주시는 엄마

그저 바라만 보아도 힘이 되고
한 마디 건네지 않아도 위로가 되는 나의 힐링
나의 편안한 쉼터 나의 엄마

어릴 적 내 손을 꼭 잡고
비 오는 날엔 우산이 되어 주고
바람 부는 날엔 따뜻한 품이 되어 주던 엄마

이제는 내가 엄마의 손을 잡고
따뜻한 미소로 안아드릴게요
언제나 내 편이 되어 준 당신을
영원히 사랑합니다

꽃비

꽃비가 떨어지는
화사한 봄날

온천지 꽃들의 향연이
펼쳐지고
곱디 고운 아름다운 날

꽃들의 아우성에
꽃비들 덩달아
춤사위하며

내 입술 위에 살포시
내려앉아 키스한다

아! 설레이는 가슴은
두근두근

외갓집(1)

외갓집 뒤란에
도라지꽃 피었네
꽃술에 이슬 맺히는
그 아침은 참 맑았다

사랑이 그리워
바람에 흔들흔들
“안아 주세요”
속삭이는 듯

어느새 내 입가엔
흥얼흥얼 노래가 피어나고
내 가슴도 흔들흔들
도라지꽃에 물들고 말았네

외갓집(2)

외갓집 뒤란에
조그만 도라지꽃이 피었어요

꽃술 끝에 이슬이 톡!
맑은 아침이 인사해요

바람이 살랑살랑
도라지꽃이 흔들흔들
“안아 주세요”
꽃이 말하는 것 같았지요

그때였어요
내 입가에서
흥얼흥얼 노래가 나왔어요

“도라지~ 도라지~”

내 마음도 꽃잎처럼
살랑살랑 흔들려
도라지꽃에 물들었답니다

가는여정

푸른 잎은 시간이 흐르면
낙엽이 되어 뒹굴고
바람은 그것을 가만히 쓰다듬는다.

화려하게 핀 꽃들도
때가 되면 꽃비가 되어 날아가고
바람은 그것을 살며시 데려간다.

사람도 마찬가지
젊음은 싱그러운 바람이었다가
언젠가 부드러운 바람이 되어 익어간다.

그렇게 우리는
보이지 않는 바람 속에서 흐른다.

초승달

옆집 담장 너머로
대추나무 사랑이 주렁주렁
행복은 풀풀 날린다.

대추나무 가지 끝에 걸린 초승달
그 행복 나도 주었으면 하는 모양이다.

내 사랑 닮은 눈썹
초승달은 수줍은 듯
나무 위에 걸터앉아 있다.

누가 걸어 놓았을까
탐스러움이 부러운가 보다
아직 익지도 않았는데…

시간이 흐르자
초승달은 담장 뒤로 숨어 버렸다.

고장 없는 세월

세월아
소리쳐 불러본들
바람처럼 구름처럼
달음질치는 세월

앞도 뒤도 돌아보지 않고
유유히 흐르는 세월호는
고장 없이 잘도 가는구나

종착역도 없는 나의 세월호는
조금 더디게 가다오
못다한 꿈을 더듬어
그리 흘러 흘러서 갈 테니

경칩

개구리가 아침부터
잠든 세상을 깨웁니다.
카톡 카톡!

겨울바람 속에 숨어 있던
봄바람이 살랑이며 속삭이네요.

개구리 노랫소리에
우리도 기지개를 켜고
환한 마음으로 경칩을 맞이해요.

봄이 왔으니까요.

내 사랑

사랑은 따로 존재하는 것이 아니었다.
이미 내 안에 행복이 와 있었다.

멀리 있다고 생각하며
허전한 마음으로 기다렸지만
사랑은 이미 내 곁에 있었다.

기다림

봄이라고는 하지만
아직은 추운 겨울 창가에 앉아
따스한 차 한 잔을 마신다

내리는 비를 맞이하며
차 한 잔을 권했지만
어둑어둑한 날씨가 싫다

지나는 행인들은 따스함을 찾아
커피숍으로 찾아 들어간다
기다림 끝에 봄은 어김없이 찾아오겠지

어우렁 더우렁

창문을 활짝 여니
봄내음이 풀풀 날린다.

따뜻한 사랑은
행복을 만들고
애정의 싹을 틔운다.

입춘을 맞아
앙상한 가지마다
뾰족뾰족 내민 얼굴들

우리의 소통에
연결고리가 되어 주는구나.

찻잔 속 사랑

찻잔 속에는
사랑이 가득하고
그리움이 스며 있다.

봄기운을 가득 안아
삶의 활력을 채우려
오늘도 너희를 마신다.

인생아 수고했다

수많은 시련과 눈물을 지나
그 길 끝에서 마주한 나에게
따뜻한 위로를 건넨다.

때로는 거센 바람이 불어와
몸을 가누기 힘든 날도 있었고
때로는 깊은 어둠 속에서
길을 잃고 헤맨 날도 있었다.

그러나 어느새 먹구름은 걷히고
따스한 햇살이 나를 감싼다.
바람은 포근한 노래가 되어
내 어깨를 다독여 준다.

이제야 알겠다.
그 모든 아픔도 눈물도 나를 더욱
단단하게 만든 선물이었다는 걸.

인생아 수고했다.
기쁨도 슬픔도 함께해 줘서 고맙다.
그리고 사랑한다.

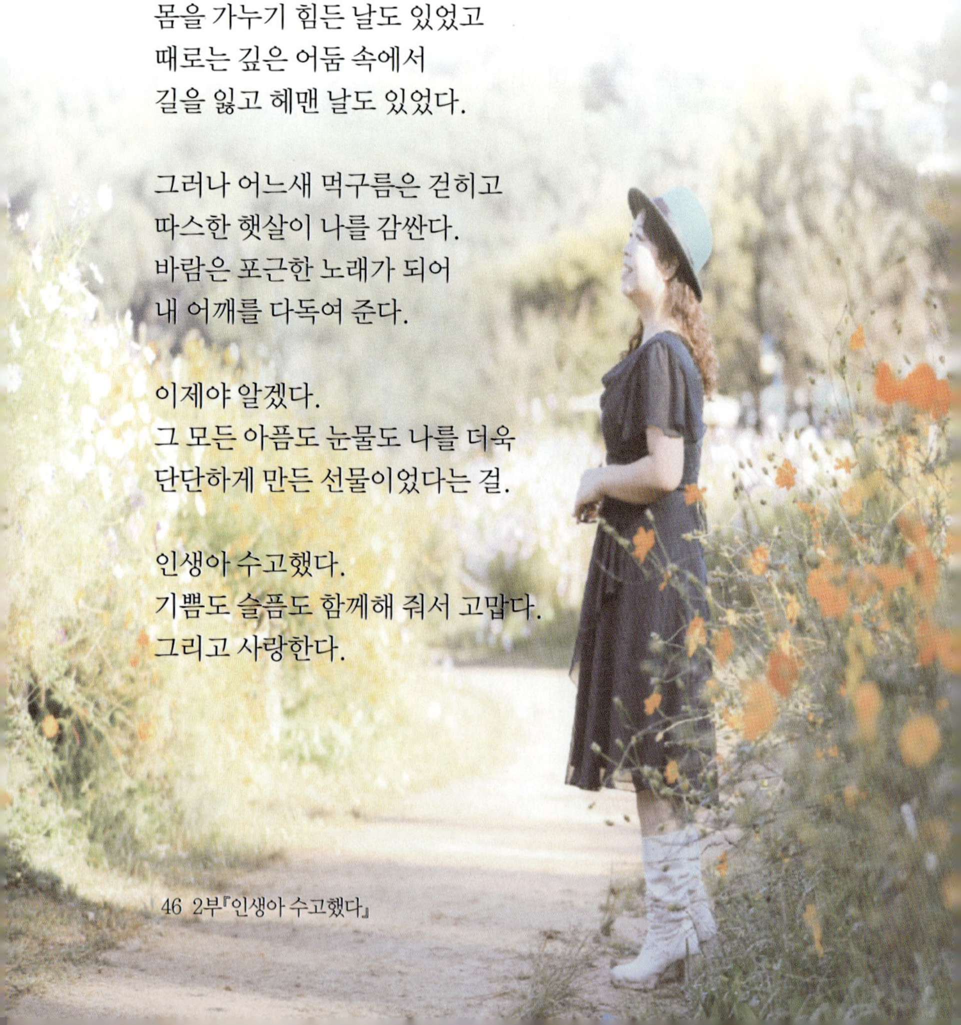

내 마음속에도 꽃은 핀다

내 마음속에 작은 정원이 있었다.
살며시 꽃순이 이름을 불러 보았지

빨간 꽃, 노란 꽃, 하얀 꽃…
햇살 아래 수줍게 피어나고
바람 따라 살랑이며 웃었네

기쁠 때는 환하게 피어나던 꽃
슬플 때는 조용히 고개 숙이던 꽃
그 모든 순간 내 안의 정원은
고요히 나를 품어 주었네

내 마음속에도 꽃이 피고 있음을
나는 알았네

그러려니 살자

살다 보니 어른이 되었다.
사소한 일에도 서운함이 스며든다.

이런들 저런들 어떠한가
조금만 이해하고 내려놓으면 될 것을…

내 뜻이 늘 맞는 것 같지만
입장을 바꾸면 남의 생각이 옳을 때도 있다.

인생 새옹지마라 하지 않는가
그러려니 하고 살아보자
별거 있겠는가

둘이서

둘이서
저 우산 속에
함께하고 싶습니다

둘이서
꽃 비 내리는 아름다운 길을 걷고 싶습니다

둘이서
반짝이는 눈 속으로
빠져 들고 싶습니다

둘이서
우산을 받쳐 줄
당신은 어디에 있나요

봄은 나의 희망

봄이 살며시 찾아온 것 같아
살짝 고개를 내밀어 보았는데
어느새 사람들의 반가운 소리에
내 마음도 살짝 설렜어

망설일 필요 없겠지?
다시 숨기보단
따스한 햇살 속으로 한 걸음
넓은 세상을 향해 미소 지어 볼래

짝사랑

어쩜 좋니 어쩜 좋니
왜 당신을 좋아했을까
왜 당신을 사랑하게 되었을까

눈 감아도 떠오르는
그리움은 한낱 물거품인데
손에 쥘 수도 없는 이 마음
허공에 흩어지는 메아리뿐인데

어쩌다 내 마음만 남겨 둔 채
그리움으로 스러져 가는 사랑을
그렇게 아무 말 없이 떠나보냈을까

울 엄마

현관을 들어서니
여전히 환한 미소로 맞아 주시는 울 엄마.

"오늘 무슨 일 있었니?"
내 얼굴에 쓰인 슬픔을
한눈에 알아보시고 조용히 물으신다.

"밥은 먹었어?"
그 다정한 한마디에
목이 메어 힘든 미소로 고개만 끄덕인다.

하늘만큼 땅만큼
바다보다 더 깊은 은혜
흐르는 눈물로도
다 담을 수 없는 사랑

효도가 별건가
울 엄마 얼굴에
이 미소 오래도록 피어나게 해야지

붉은 단풍 엽서

어느 날입니다.
주소도 없고 우표도 없지만
가을은 살며시 찾아왔습니다.

떨어지는 나뭇잎들처럼
멀어져 가는 나의 시간
행복을 두고 떠나겠지요.

그러나
마지막 남은 붉은 단풍잎 엽서
올해도 아름답게 간직할래요

빈잔

가득 채울수록
외로움에 잠긴 잔

비어 있을수록
온화함이 깃든 잔

허무와 불안 속에서도
새로운 잔에 꿈을 채우리

우수

꽃샘추위 속에서도
새싹은 꽃을 피울 준비를 합니다.

추위를 이겨낸 꽃이 더 아름답듯
고난을 견딘 삶은 더 단단해집니다.

우수는 조용히 지나가고
봄은 어김없이 찾아옵니다.

낙조

아름다운 빛이
어둠 속으로
자취를 감출 때
하루는 또 이렇게
저물어 간다

행복의 미소

이 애는 소리 없이 짧고 환하게
꼬리의 움직임의 따라 빛이 납니다

이 애는 소리는 없지만
따뜻합니다

이 애는 소리는 없지만
가슴을 울립니다

이 애는 소리는 없지만
힘들 때 힘이 되어 주곤 합니다

이 애는 볼수록 은은하고
빛이 납니다

그리운 사랑

찬란한 태양이 비출 때
상큼한 찬바람을 마셔보아도
비에 젖은 나뭇잎 향기에
나는 문득 행복해집니다

찬바람에 사람들의 옷은 두터워지고
기억은 희미한 시간 속으로 사라져
멀어져 버린 내 사랑
그저 모른 척하고 있을 뿐

아아
그때 그 시절의 고귀했던 사랑
지금 그 사랑이 그립습니다

하나뿐인 내 인생

하나뿐인 내 인생 금쪽같은 내 인생
사랑 줄 거야
행복 줄 거야

눈에 익은 내 모습이 문득문득 떠오르면
그 마음속으로 가고 싶지만
허탈한 웃음만 나와 그냥 웃어봤어

아무도 몰라 그 누구도 몰라
사랑은 그리움만 남긴 채
영원히 꿈처럼 사라졌어

이젠 나도 사랑할 거야
하나뿐인 내 인생 행복 줄 거야

토닥토닥 내 사랑

토닥토닥 내 사랑아
네 곁에 따뜻한 이불이 되어
언제든 널 감싸 주고 싶구나
힘들고 지칠 때 어떻게 지냈니?

언제든 돌아와도 좋아
나는 너를 감싸 안고
따뜻한 위로가 되어 줄게
한 걸음 한 걸음 내게로 오렴.

토닥토닥 내 사랑아
푸른 달빛 아래 너를 떠올리며
눈가에 이슬이 맺히는구나.

시간아 천천히

아침엔 너무 바쁘다.
똑같은 시간이지만
지각할까 발 빠르게 움직인다.

하지만 마음에 여유가 있을 땐
시간은 우리와 함께
천천히 노래하며 흐른다.

그 겨울 이야기

그 겨울은 유난히도 춥고
외로움은 눈발처럼 흩날렸다.

쓸쓸한 바람이 뺨을 스치고
메마른 손끝까지 시려오던 밤
난 그냥 갈 수 없었다.

영등포 역전
낡은 국밥집 불빛 아래 멈춘 걸음
이모! 국밥 한 그릇
소주 한잔 주세요

따뜻한 국물이 속을 감싸고
쓰디쓴 한잔에 마음이 녹아내렸다.
오늘도 이렇게 겨울을 견뎌낸다.

가을소리

벌레 소리 사이로 스며드는
나뭇잎 타는 냄새 가을이 왔나 봅니다.

졸졸 흐르는 시냇물 소리가 정겹고
어디선가 님의 향기가 그립습니다.

사색에 잠겨 바라보니
풍성한 가을이 마음을 채웁니다.

이 계절 사랑의 길을 걷고 싶어 집니다.

봄 사랑

산을 오른다
따스한 햇살을 머금은 새싹들
빼꼼 고개 내밀며 인사한다

봄 산은 초록빛으로 숨 쉬고
나는 그 속에서 자연의 노래를 듣는다

어! 쑥이다, 여기도 저기도
싱그러운 향기에 발걸음이 가볍다

오늘 저녁은 쑥국이다
식탁 위엔 봄이 피고
가족들의 웃음꽃이 활짝 핀다

3부 가을 사랑

잠시 머물 수 있는 여행길처럼
인생도 그렇게 스쳐가지만
가을이기에 외로움도 아름답습니다

가을 사랑

사랑이 익어가는 계절
조용히 물드는 나뭇잎처럼
내 마음도 고요히 젖어 갑니다.

푸른 산빛 사이로 스며드는
붉고 노란 그리움
그 이름마저 아름다운 계절 가을입니다.

차가운 바람 끝에서
조금씩 멀어져 간 사람들의 얼굴이 떠오릅니다.
사랑은 깊어지는데
그 깊이만큼 외로움도 자라납니다.

낙엽 밟는 소리에 문득 멈춰 서면
바스락 거림 속에 쓸쓸한 마음도 스며듭니다.

잠시 머물 수 있는 여행길처럼
인생도 그렇게 스쳐가지만
가을이기에 외로움도 아름답습니다

땀은 알고 있습니다

영문도 모르는 땀은
나를 긴장하게 합니다.
얼굴엔 땀이 스멀스멀 올라오고
등줄기를 타고 주르륵 흐릅니다.

비가 오나요?
여름이라 더운 걸까요?
그저 땀이라 생각했지만
축축한 몸이 찝찝해지고
마음은 한없이 무거워집니다.

땀은 알고 있습니다.
살아온 삶의 무게를
그 안에 담긴 서러움을
억울함에 눈시울이 젖을 때면
땀은 조용히 흘러내립니다.

하지만 어느 순간
내 몸은 서늘해지고
식은땀은 사르르 사라집니다.
그제야 깨닫습니다.
땀은 경고이자 교훈이며
나를 일깨우는 신호입니다

어머니의 아픈 손가락

나는 언제나
어머니의 아픈 손가락이었습니다.

어릴 적 넘어져 울던 날도
철없이 떼를 쓰던 날도
어머니는 늘 나를 감싸 안으며
"괜찮아 다친 데 없니?" 하셨지요.

내 아픔보다 더 아파하시던 마음
작은 기침에도 먼저 일어나 밤을 지새우시던 손길
이제야 알 것 같습니다.
어머니의 사랑은
끝이 없는 따뜻한 약손입니다

병상에 누워 잠시 쉬어보니
비로소 보입니다.
언제나 곁에서 지켜 주던
어머니의 그 깊은 눈빛

나는 언제나
어머니의 아픈 손가락이었지만
어머니의 사랑 안에서
가장 소중한 존재였습니다.

꽃길을 향하여

사랑도 해봤고
이별도 해봤지만
우리는 여전히
사랑을 꿈꾸고 있지

삶에 시달려 보고
지쳐도 봤지만
그래도 버틸 만했지
그 끝엔 빛이 있더라

내가 살아가는 이유를 몰랐어도
이렇게 견디고 보니
흩날리는 바람조차
언젠간 향기가 되더라

살아온 날을 돌아보니
이래도 한 세상 저래도 한 세상
흘러가는 시간 속에
내 몫의 봄은 오더라

이제는 꽃길 한 번 걸어 보자
오늘을 껴안고 내일을 향해
남은 날들엔 햇살이 깃들길 바란다.

꽃샘과의 전투

입춘이 오고 우수가 오면
시샘 어린아이가 찾아온다.
꽃샘은 따뜻함에 시샘하며
찬바람으로 우리를 괴롭힌다.

우린 꽃샘과 맞설 수밖에
모자를 쓰고
목도리를 두르고
두툼한 옷을 걸친다.

부츠로 단단히 감싼 발로
차가운 바람을 버티지만
꽃샘은 결국 따뜻함에 녹아
유유히 사라진다.

살아온 날을 돌아보니
이래도 한 세상 저래도 한 세상
흘러가는 시간 속에
내 몫의 봄은 오더라

–꽃길을 향하여 中에서–

정월대보름

정월 첫 보름 밝은 달 아래
오곡밥 나누며 정을 싣고
부럼 깨며 건강을 빌 때
액운은 멀리 달아나리

달집 타오르는 붉은 불꽃
한 해 소원 하늘에 싣고
풍물 소리 신명나게 퍼지면
기쁨이 가득 찬다

난 노래하리

삭막한 도시에서
살다 보니 떨어지는 단풍하나에도
숨이 막힙니다

아스팔트에 무참히
깔려있는 나뭇잎들이
어수선합니다

떨어진 낙엽들을 쓸어
모아 봅니다
사뭇 쓸쓸해집니다
그 맘은 노래합니다

아쉬움 가득 담고
음정에 가사 실어
사랑의 얘기
이별의 얘기

그렇게 흘려보낸
아쉬움이여
목청껏 혼을 싣고
소리 내어 부르니

추억은 감정이 되고
노래가 되어 외쳐봅니다

사랑이여
이별이여 안녕히

연필

탁탁 튀는 대나무처럼 곧게 나아가며
언제나 이겨야만 했습니다.

그러던 어느 날
뚝 하고 부러지는 순간이 왔습니다.
무릎을 꿇어야 했고
힘만으로는 이길 수 없다는 걸 깨달았습니다.

조용히 나를 내려놓자
순리라는 것이 이런 거구나 싶었습니다.
이제는 남을 위해 희생할 수밖에
한결같이 깎여 나가며
내 몸이 닳아 한자 한자 써 내려갈 때
문장이 되고
그 문장은 기쁨이 되고 사랑이 되었습니다.

몸이 닳도록
깎이고 또 깎이며 아픔을 견뎌야 했지만
그렇게 태어난 글은 누군가에게 길이 되었습니다.

아름다운 희생으로
연필은 우리에게 깊은 교훈을 남깁니다.

바다와 나

바다는 겉으로 보기엔 잔잔하고 평온하다.
위안을 얻고자 마음을 정리할 때면 바다를 찾는다.

그러나 평온해 보이는 그 속엔 엄청난 성깔이 있다.
화가 나면 아무도 말릴 수 없는 거친 파도를 일으킨다.

나는 잠시 그 바다가 품고 있는
거대한 파도를 잊고 있었다.
그 바다처럼 나도 잔잔한 척할 때가 많다.

속마음은 소용돌이치는데
겉으론 아무렇지 않은 척해야 할 때가 있다.
하지만 결국 바다도 언젠가는 거친 파도를 쏟아내 듯
나도 감출 수 없는 감정이 밀려올 때가 있다.

오늘도 나는 바다에 마음을 띄운다.
출렁이는 파도에 묻어 내 속마음을 실어 보낸다.
바다가 조용히 품어주길 바라며...

과소비 사랑

마트에 간다.
세일하네
장바구니는 점점 무거워진다.

엄마들은 웃고
아이들은 매대 위에서 손짓한다.
"날 데려가세요!"

나는 애써 외면한다.
과소비하지 않겠다고 다짐하고
몸을 돌린다.

하지만
발은 이미 달려가고 있다.
손은 장바구니를 가득 채운다.

계산대 앞
내 얼굴에도 미소가 번진다.
콧노래가 흐른다.

사뿐사뿐 집으로 향한다.
패배한 싸움
따뜻한 기쁨

이쁜 아가야

아가야 참 이쁘다
좀 더 가까이 보았는데
화사하게 피어 오른
아가의 웃는 얼굴이
참 이쁘다

요걸 어떻게 보관할까?
음... 그래!
나의 추억 속으로 간직할게
찰칵찰칵
사랑은 기억 속에 피는 꽃이야

물레방아 인생

언제나 함께 가는 인생
물레방아 인생
우리의 사랑도 믿음도
함께 가자
돌고 돌아가는 세상
물레방아 인생

미움도 사랑인 걸

하늘의 별도 달도 따주겠다던
그 말들은 어디로 흩어졌을까
시간은 약속을 깎아내리고
정이라는 이름으로 우리를 묶어두었지

서로의 기대가 서운함으로 변할 때
우리의 손끝은 점점 멀어지고
눈빛엔 미움이 자라났지만
그 미움마저도 사랑이었다는 걸

가버린 사랑을 되찾으려
어지간히 다퉈보기도 했지
그러나 그 소리마저도
네가 내게 남긴 마지막 흔적이었어

미움도 결국 사랑이었음을
우린 너무 늦게야 깨달았어

갱년기

요즘 내 몸은
화끈한 연통 같다.
겉으론 아무렇지 않은 척하지만
속은 조용히 터져버린다.

가슴속 깊은 데서
뜨거운 열이 치밀어 오르면
누군가 갑자기 불을 지핀 듯
연기가 가득한 듯하다.

얼굴은 벌겋게 달아오르고
물방울은 송골송골 맺힌다.
정신없이 열이 솟구칠 때면
한 잔의 생수로 겨우 진정시킨다.

그러고는 자동처럼
옷을 벗어던진다.
입가엔 거칠어진 숨결
빈 통처럼 싸늘해진 내 몸엔
따뜻함이 다시 돌아오지 않는다.

낙서

하얀 종이 위에 무거워진 생각들
마구 쏟아낸다

어디에도 말할 수 없는 이야기들이
휘갈겨진 글씨가 되어 버린다

먼저 가루처럼 흩어진 한숨
구겨진 종이 위에 흘러내린 눈물
낙서는 내가 참아온 것들을
말없이 받아주고 안아준다

대나무 인생

나는 세찬 바람이 불어도
끄덕 없습니다

바람이 불면 부는 대로
인생에게도 찾아옵니다

아프다고 소리쳤지만
모르는 척 스쳐갑니다

가는 바람의 위험은
잔잔한 행복으로 다시 찾아듭니다

설 대목장

설 이틀 전 퇴근길에
재래시장으로 설 대목장을
보기 위해 나섰다.

이곳을 오니
설이 왔음을 알려준다

어디서 들 왔는지
작은 핸드카에 가득가득 싣고
바삐들 움직인다

많은 사람의 에너지를 받는 듯
힘껏 힐링받고 갑니다.

설 연휴

긴 가뭄 끝에
온 대지를 촉촉이
새봄 맞이한다

가슴을 활짝 열고
봄 마중 가는 행복감
까치 까치도
입춘을 알고
봄 마중에 참여합니다.

설 연휴로 밝은 햇살은
우리의 만남을 반기고
가족들의 덕담 나누는
구수한 웃음소리

주방에선 지지고 볶는
동서 간에 웃음꽃 피어
행복한 삶 일구어지고
풍성한 고향 소식에

행복 가득
사랑 가득

새해 가슴속에 품고 있는
소망은 모두 모두
잘될 거야
잘될 거야

추석맞이

내가 어렸을 때다
추석을 기다리며
손가락 꼽아
한밤 두 밤 세 밤.....

밤하늘은 밝게 비추어 주고
달아 달아 밝은 달아
우리 소원 들어줘!

엄마는 설빔을
준비하시는 날엔
동생의 손을 잡고
장에 가는 날이
최고로 행복한 날입니다

엄마! 이것도 저것도
양손에 설빔을 받아 들곤
이리 뛰고 저리 뛰고
기쁨을 감추지 못한다

한마음만 같아라
한가위만 같아라
이날만큼은
즐겁고 신난다

앞마당 주인
독크도 덩달아
꼬리를 흔들며 달려든다

희망의 깃발

얼마큼 왔을까
깜깜해 보이질 않아
답답하다

하염없이 걷다가
지쳐 포기하고
넘어질 때

내 앞에 다가오는
한 줄기 빛을 보기 위해
승리의 깃발 흔드렵니다

하늘 공원

하늘에 떠 있는 구름은 요술쟁이
맑은 날엔 놀이공원 같아
이것 봐! 저것 봐!
뭉게구름이 춤을 추며
여러 모양을 만들어내네

코로나19야 너를 받아들이기로 했어
하지만 우리 곁에선 잠시 머물다 가렴
거리 두기는 잊지 말고
우리도 하늘의 공원을 즐길 테니

우리는 이겨낼 거야
구름처럼 흘러가며 다시 밝은 날을 맞이할 거야

겨울 끝자락

햇살과 함께 불어오는
바람의 선율은
너의 성격이구나

흩날려 오는 눈 발은
나무 가지 위에
사뿐히 내려앉아
차곡차곡 쌓이고

연신 내리는 눈은
질펀하게 녹아지네
이 겨울 가기 전에
포근한 바람의 꿈을 안고

추억 담긴 얘기 봇짐
한아름 싣고
봄으로 향해 간다

새벽 손님

새벽에 문득 잠이 깨
창밖을 슬며시 내다보니
세상은 하얀 이불을 덮은 듯
포근한 눈이 소리 없이 내리고 있었지

하늘은 아직도
하얀 솜을 마저 풀어내듯
펑펑 눈을 뿌리고
골목길 검둥이 한 마리
먼저 나가 신이 나서
멍멍멍 여기저기 발자국을 남긴다

눈꽃이 살랑이는 새벽
검둥이는 더 빠르게 달리고
나는 그 모습에
문득 웃음이 난다

펄펄 눈이 내린다
하늘에서 눈이 내린다
눈송이를 맞으며
골목도 마음도 하얗게 젖어간다

그때
옆집 아저씨의 투덜거림
"아이고, 좀 자자…"
그래도 검둥이는
또 한 바퀴
기분 좋게 돌고 있었다

가을 향기따라

풀벌레 우는 소리
나뭇잎 타는 냄새가
가을이 왔음을 말해줍니다.

살랑이는 바람 사이로
시냇물 소리가 정겹게 흐르고
그 속에서
그대 향기가 문득 그리워집니다.

잠시 눈을 감고
사색에 잠겨봅니다.
하늘은 높고 들판은 풍성해
마음도 절로 흐뭇해집니다.

이런 계절엔
사랑의 길을 천천히 걷고 싶어집니다.
노란 은행잎 깔린 길 위를
당신과 나란히…

콩나물 시루

전철 출근길
콩나물시루가
따로 없다

에구에구
이리 밀리고
저리 밀리고

학창 시절
콩나물시루에
시달리던
그때가 그립습니다

그때 보단
약하지만
웃음도 나오고
즐겁기도 하고

전철에 앉아
몇 자 톡톡톡
즐거운 하루
만들어봅니다

신록의 계절

자연의 섭리는 위대합니다
꽃과 신록의 푸르른
여왕의 계절 5월
사방을 둘러보니
연둣빛 세상

봄비로 인해 더욱
짙어진 푸르름이
눈과 마음을 평온케 하고
미세하게 들려오는 소리
그 님은 바람이었다

아름다운 풍경 속에
행복한 미소와 함께
우리의 꿈이 이루어지고
사랑과 희망과 함께 축복하소서

정상을 향한 걸음

등산은 힘겹지만
한 걸음씩 내디딜 때마다
마음속 벽도 허물어져 간다.

가쁜 숨을 몰아쉬며
거친 바람을 맞이하고
거칠게 솟은 바위 위로
온몸의 힘을 쏟아낸다.

바람 냄새 바위 냄새
그리고 흙냄새에 섞여 피어오르는
자연의 향기

흐르는 땀을 닦으며
마침내 정상에 섰을 때
온 세상을 다 얻은 듯한 벅참!

"야호!"
외치는 소리가 메아리치고
푸른 하늘이 내게 화답한다.

아래를 내려다보니
모든 것이 작아지고
마음은 더 넓어진다.

이 순간을 위해
나는 또다시 산을 오른다.

빗소리 (2)

저 소리는 어릴 적 자장가 소리인 것 같아요

시원하게 느껴지고
포근하게 느껴지는 것은
어머니의 품 안에
꼭 안겨 잠들 때 같습니다

살랑살랑 흩날리는
빗방울 꽃들의 살랑거림은
자연의 느낌이 생생하게 전해지고

처마 끝의 물 떨어지는 소리
번쩍거리는 번개 소리
어릴 땐 무섭기도 하고
놀라기도 했지만

시간이 지나보니
감성에 빠져
시인이 되어 가고 있었다

주방에선 어머니와 통하는 소리
지지는 부침 소리는 빗소리와 같아
막걸리와 파전이 땅기는 날이기도 한답니다

4부 기다림

등산길 대나무 사잇길을 걸어
오랜만에 듣는 댓잎
부딪치는 소리 정겹고

보고 싶은 사람
만나는 건
기적인 것만 같습니다

기다림

왜 그렇게 서 있어
너도 나와 같은
그리움에 늘 서 있는 거니

오는 바람과는 친구 되어
적적할 때 찾아와
부대끼며 흔들어 주고

등산길 대나무 사잇길을 걸어
오랜만에 듣는 댓잎
부딪치는 소리 정겹고

보고 싶은 사람
만나는 건
기적인 것만 같습니다

휴식

몸이 쉬어 가자 말 할 땐
병상에 누워
쉬어 가는 것도 좋아요

나비도 잠자리도
꽃잎 얼굴에 앉아
피곤함을 쉬어 가요

화려한 아침

화려한 아침 햇살
아름답게 가꾸어진
교회 앞마당에
울긋불긋

피어난 그 이름
천일홍
오가는 님들과
눈 맞춤하고

작년에 찾아온
벌과 나비
올해도 찾아와
맘껏 춤을 추고

환히 핀 얼굴은
님들에 행복을 주는 꽃
웃음꽃이랍니다

사랑스러움

연인과의 사랑 속엔
조용히 웃는 천국의 집이
지어져 있었지요
서로를 바라보던 그 애틋한 눈빛

마치 세상엔 둘만 있는 듯했죠
헤어질 시간이 다가오면
말없이 손을 꼭 잡고 있었어요

눈빛 속에서
달콤한 꿀이 뚝뚝 떨어지던 그때
그 마음이 그 시절이
참 사랑스러웠어요

새벽길

밤새 라일락은
소낙비를 견뎠지요.

지친 몸으로도
짙은 향기를 뿜어내며
세상을 맑게 합니다.

빗방울이 떨어져도
아름다움은 사라지지 않아요.

오늘도 조용히
자신의 일을 해냅니다.

가을은

소리도 없이
약속도 없이
손님은 찾아왔네

님을 맞이하고 있을 때
틈 새로 불어오는
시원이와 귀뚜라미 병정들

합창소리 요란해
그 소린 가을 왔다
방방곡곡 전합니다

알콩달콩 감동의 기쁨
님이시여!
아름다운 선물 감사히 받겠습니다

아버지의 마음

아버지의 웃음
갖지 않는
웃음 소리는 필시
그 뒤에 묵묵한 피붙이
사랑이 있었다

엄마 나무

저편에 우뚝 서있는
엄마 나무
웃지 못할 사연들
가슴에 품고

사연 많은 가지들
이유도 가지가지
가지 많은 나무
바람 잘날 없구나

소낙비

화가 선생님 붓을 놓으세요.
너무 격정적으로 그리면
캔버스가 찢어질지도 몰라요.

그런데도 멈추지 않네요.
밤하늘을 짙은 먹물로 적시고
번개로 불쑥 사인을 남기더니
비를 장대처럼 휘둘러 쏟아내요.

오른쪽으로 쏴아?
왼쪽으로 휘익?
무대 위 드러머처럼
두드리고 휘갈기고 튕겨내며
거리 위를 연주하네요.

라이브 콘서트예요.
청중이 없다고요?
아니요 바람이 휘파람을 불고
전깃줄이 윙윙 화답해요.

하지만 화가 선생님은
나를 빗속에 가둬 버렸어요.
내 우산은 무대 조명이 되고
비바람 속에서 나는
젖은 배우가 되었어요.

바지를 내려다보니
신발이 첨벙이고
비바람이 옷자락을 붙잡아요.
소름 돋는 싸늘함 속에서
공연이 끝나길 기다려요.

연인들 이야기

단풍나무 잎새 외로울세라
하나 둘 떨어지면
그 잎새들 연인이 되고

달콤한 사랑 나누게 함일세
바스락바스락
아! 그 사랑 영원함이로다

그리운 사랑

찬란한 태양이 비출 때
상큼 찬바람 마셔봐도

비에 젖은 나뭇잎 향기에
나는 행복해집니다

찬바람에 사람들의 옷은
두툼해지고

기억은 가물가물
희미한 시간 속으로

멀어져 버린 내 사랑
모른척하고 있을 뿐

아아!
그때 그 시절

고귀한 사랑
그립습니다

그리움의 편지

사랑아!
이렇게 눈은 펑펑 내리는데
어디서 무엇하며 살고 있는지 궁금하구나

창밖에 장독대
옆집 지둥 위에
하얀 눈이 소복이 덮였단다

눈 내리는 걸 보면
너를 향한 그리움이
함박눈 꽃 되어
눈 오는 날 눈처럼

사랑스러운 네 모습이
조용히 집 앞마당에 살포시
내려앉아 있는 것 같아
반갑다

잘 지내고는 있는지…
아프지는 않은지…
보고 싶다고 그립다고

네 이름을 떠올려본다
사랑아
사랑해

카페에서

카페에 앉아
주변을 천천히 둘러본다.

시끌시끌 도란도란
참 정답다.
무슨 이야기가 저리도 많은 걸까?

웃음이 번지는 얼굴도 있고
진지한 표정으로 수다를 나누는 이도 있다.

창밖을 바라보며
사색에 잠긴 사람도 있고
시간 가는 줄 모르고 앉아 있다.

저 편 구석
책을 읽는 학생들 곁엔
따뜻한 찻잔 하나

그 찻잔 속엔
얘기 보따리가 담겨 있다.
몇 시간째 풀어지는 사연들
참 많은 인생이 지나간다.

풀잎 세상

귀를 기울여봐요
조용조용 이슬이 "안녕!" 하고 인사해요
꽃잎들도 살짝살짝 "반가워!"

하늘에서 내려온 꽃잎 하나
반짝반짝 별인 줄 알았어요

풀잎 위에는
조그만 등불이 톡톡 빛나요
그 빛은 작은 눈동자처럼 반짝반짝

풀잎 세상은
아침마다 작은 노래를 불러요

"반짝반짝 안녕!
우리 오늘도 좋은 하루 보내요!"

꿈과 희망의 날개

꿈은 꿈을 꾸지 않는다면
그 어떤 것도
이루어질 수 없어요.

움츠렸던 날개를
살며시 펴 보아요.
희망의 불씨를 안고
환상의 날개를 달고
넓은 하늘을 향해
조금씩 날아가요.

비록 새우잠을 자는
고단한 밤이 있어도
우리의 꿈은
고래처럼 커다랗게 자라나요.

꿈이 이루어졌다는 건
그만큼 간절히
아름답게
꿈을 꿨기 때문이에요.

설날 아침

가슴을 활짝 열고
봄 마중 가는 행복감
까치 까치도
입춘을 알고 있겠지

설 연휴로 밝은 햇살은
우리의 만남을 반기고
가족들의 덕담 나누는
구수한 웃음소리

주방에선 지지고 볶는
동서 간에 웃음꽃 피어
행복한 삶 일구어지고
새해 가슴속에 품고 있는
소망은 잘될 거야

아버지의 권위

어둠이 내려앉아 있어
어둠 침침해진다

문밖에서 들려오는
헛기침 소리

창문 너머 들려오는
발자국 소리

그 소린 가족들을
긴장시키고

남 다른 아버지의 암시였습니다

아름다운 가게

창문 너머
많은 사람들이
무언가를 찾고 있다

궁금해서
슬쩍 안으로 들어가니

여기저기
소중한 물건들이
새 주인을 기다리고 있다

혹시
내 보물도
숨겨져 있을까?

고백

(1절)
주께 더 가까이 가길 원합니다
세상의 소리보다 주님의 음성 듣게 하소서
삶의 중심에 주님 계시길
날마다 기도합니다

(후렴)
어떤 일이 있어도
주와의 관계가 가장 귀함을
깨닫게 하소서
바쁘고 지친 순간에도
주님을 더욱 의지하게 하소서

(2절)
그 마음 잃지 않게
날 이끌어 주옵소서
주 뜻을 따라 걷는 길이
나의 기쁨, 나의 소망 되길

(후렴)
어떤 일이 있어도
주와의 관계가 가장 귀함을
깨닫게 하소서
바쁘고 지친 순간에도
주님을 더욱 의지하게 하소서

(엔딩)
주께 더 가까이
주께 더 가까이
영원토록 주께 더 가까이

살포시 찾아오신 주님

1절

봄처럼 살포시 찾아오신 주님
내 삶의 이유는 예수 그리스도
하나님의 기쁨 가운데 나아가
기쁨으로 춤추는 날이 오리라

– 후렴 –
모든 것에 선을 이루시는 주님
영광과 찬양을 올려드립니다.
주님의 뜻대로 살아가게 하소서
오직 주님만을 찬양합니다.

2절

하나님보다 사랑할 자 없으며
우리는 주님의 도구일 뿐
주님은 나의 창조자 구원자
무엇을 더 바라리오.

– 후렴 반복 –
모든 것에 선을 이루시는 주님
영광과 찬양을 올려드립니다.
주님의 뜻대로 살아가게 하소서
오직 주님만을 찬양합니다.

그리워진다

화창한 가을 아침
햇살은 투명한 금빛 물결이고
바람은 살며시 볼을 스치며
지난날의 기억을 흔든다

하늘을 보니
높고 높은 파란 하늘 위로
두둥실 떠 있는
하늘의 조각배

그 조각배의 선장은 누구일까
구름 속을 헤치며
가을 노래를 부르고 있겠지

땅 위엔
가을을 사랑하는 갈대가
은빛 물결을 이루며 춤을 추고
멀리 가을 여인과 사랑에 빠졌구나

산들바람에 스치는 낙엽 소리
코끝에 머무는 가을 냄새
뭔지 그리워지는
이 아침

시 열매 (1)

내 맘속에

시 열매 주렁주렁

때 되어 시꽃 피니

한 권의 책 탄생했네

시 열매 (2)

내 맘속에
시 열매 주렁주렁
고요한 시간 머금고
때 되어 시꽃 피니

햇살 닮은 구절들
바람 따라 흩어지고
그리하여
한 권의 책
조용히 태어났네

시 열매 (3)

내 마음 속
조그만 나무 하나

조용히 조용히
자라고 있었어요

어느 날
초록 잎 사이로
작은 열매가 또르르

시 열매 주렁주렁
달리기 시작했지요

바람 불면
달랑달랑 흔들리고
햇살 받으며
방긋방긋 웃었어요

때가 되니 꽃이 피었어요
수수하고 고운 시꽃이 활짝

그 꽃잎마다
예쁜 말들이 앉아
속삭였지요

"우리, 책이 될래?"

그래서 한 권의 책이
조용히
세상에 태어났답니다

뿌리

밤새
봄비가 내렸습니다

바람이
얼마나 거세게 불었던지
봄비조차
힘에 밀려버렸지요

도로엔
간판이 떨어지고
나무가 쓰러졌습니다

그리고
넘어진 나무 밑을 보았지요

그때야
처음 알았습니다
넘어진 자리엔
뿌리가 남아 있더군요

문득
나도 생각났습니다

내게도
뿌리가 있다는 걸요

나의 뿌리
부모님

보이지 않아도
늘 나를 지켜주고
나를 일으켜 세워주는
단단하고 깊은 뿌리

그 뿌리 덕분에
오늘도
흔들리며
다시 살아갑니다

고맙습니다
사랑합니다
나의 뿌리

등대처럼

(1절)
너를 품고 살던 날들 손끝에서 흩어져 갔지만
내 가슴속 작은 불빛 아직도 너를 비추고 있어

멀리 있어도 느낄 수 있니, 이 가슴에 남아 있는 온기
말하지 못한 수많은 마음 이제야 너에게 띄운다

(후렴)
나는 등대처럼 서 있을게 바람 불고 어둠이 와도
언제든 돌아올 수 있도록 여기서 널 기다릴게
너를 사랑해, 영원히

(2절)
두 잔의 차를 준비하며 너를 불러보는 밤이면
텅 빈 자리가 너무 커서 눈물로 채우곤 했었지

시간이 흘러도 변하지 않는 단 하나의 진실이 있다면
너는 언제나 내 아들이고 나는 영원한 너의 엄마야

(후렴)
나는 등대처럼 서 있을게 바람 불고 어둠이 와도
언제든 돌아올 수 있도록 여기서 널 기다릴게
너를 사랑해, 영원히

(엔딩)
그날이 오면 말할 거야
미안했다 그리고 사랑한다고
너는 언제나 내 아들이라고

심현정 제2 시집

가슴이 하는 말

지은이 | 심현정
펴낸이 | 전진옥
디자인 | 다온애드
펴낸곳 | 도서출판 다온애드

초판일 | 1쇄 2025년 7월 12일
발행일 | 1쇄 2025년 7월 12일
주 소 | 인천광역시 남동구 벽돌말로 8(간석4동 573-11)
전 화 | 032) 203-6865 팩스 032) 426-7795
메 일 | jinok2224@hanmail.net

판 형 | 신국판
등 록 | 제2013-000008호
ISBN | 979-11-89406-21-9 (03800)
책 값 | 13,000원

좋은 책을 읽는 것은 성공을 위한 밑거름이다.